BEI GRIN MACHT SICH IHR WISSEN BEZAHLT

- Wir veröffentlichen Ihre Hausarbeit, Bachelor- und Masterarbeit

- Ihr eigenes eBook und Buch - weltweit in allen wichtigen Shops

- Verdienen Sie an jedem Verkauf

Jetzt bei www.GRIN.com hochladen und kostenlos publizieren

Reaktionstester mit Ausgabe auf eine LCD-Anzeige

GRIN ☺

Bibliografische Information der Deutschen Nationalbibliothek:

Die Deutsche Nationalbibliothek verzeichnet diese Publikation in der Deutschen Nationalbibliografie; detaillierte bibliografische Daten sind im Internet über http://dnb.d-nb.de abrufbar.

ISBN: 9783389018026
Dieses Buch ist auch als E-Book erhältlich.

Druck und Bindung: Books on Demand GmbH, Norderstedt Germany
Gedruckt auf säurefreiem Papier aus verantwortungsvollen Quellen

Das vorliegende Werk wurde sorgfältig erarbeitet. Dennoch übernehmen Autoren und Verlag für die Richtigkeit von Angaben, Hinweisen, Links und Ratschlägen sowie eventuelle Druckfehler keine Haftung.

Das Buch bei GRIN: https://www.grin.com/document/1469826

AKAD

Bildungsgesellschaft mbH

Informatik – Bachelor of Science (B. Sc.)

MCS41 - Microcomputer-Systeme mit Labor

Assignment

Reaktionstester

Reaktionstester mit Ausgabe auf eine LCD Anzeige

Anmeldedatum: 04.04.2024
Abgabedatum: 08.04.2024

Inhaltsverzeichnis

Abbildungsverzeichnis

Abkürzungsverzeichnis

1. Einleitung

Wir sind jeden Tag von unzähligen Microcomputer-Systemen umgeben. Viele davon können wir zwar nicht direkt sehen, aber sie begleiten uns in unserem Alltag. Sei es der Taster an der Fußgängerampel, der Schrittzähler in unseren Smartphones oder die RFID-Türschließanlage in der Arbeit. Microcomputer-Systeme sind allgegenwärtig. Sie sind in Teilen verschiedenster Schaltungen von Sensoren und Aktoren. So kann ein Taster innerhalb eines Microcomputer-Systems verschiedene Aktionen und Reaktionen einleiten und ausführen. Dieser spielt im Rahmen des folgenden Versuchs eine zentrale Rolle.

1.1 Ziel der Arbeit

Das Ziel der Arbeit besteht darin einen Reaktionstester mithilfe eines Arduinos unter Verwendung eines Tasters und einer RGB LED zu entwickeln. Hierfür werden alle benötigten Komponenten aus dem Arduino Einsteiger Set elektronisch miteinander verkabelt und anschließend wird ein lauffähiges Programm entwickelt. Das Programm steuert die Hardware den Anforderungen entsprechend an. Es lässt die RGB LED in der Startsequenz (rot, gelb, grün) aufleuchten, misst bei Betätigung des Tasters die gemessene Zeit zwischen Tastendruck und Aufleuchten der grünen LED und gibt diese Zeit auf der LCD-Anzeige aus.

1.2 Aufbau der Arbeit

Diese Arbeit gliedert sich in vier Kapitel. Als Erstes werden die Grundlagen zu den Hardwarekomponenten behandelt. Hierzu gehören der Microcontroller Arduino Uno R3, eine I²C LC-Anzeige, einen Taster, eine RGB-LED, drei 330 Ohm Widerstände und einen 1k Ohm Widerstand. Um dem Microcontroller mitzuteilen, was seine Aufgabe ist, benötigen wir eine Entwicklungsumgebung und die entsprechenden Bibliotheken zur Hardware, in der wir den Programmcode schreiben und anschließend auf dem Mikrocontroller speichern können. Im dritten Teil der Arbeit erfolgt die Entwicklung und Konzeption der notwendigen Schaltung, sowie des dazugehörigen Programmcodes mit darauffolgendem

Funktionstest. Der Schlussteil gibt eine kurze Zusammenfassung der Ergebnisse sowie eine kritische Reflexion der eigenen Vorgehensweise.

2. Grundlagen

2.1 Arduino Uno

Das Arduino Uno R3 ist im Rahmen des Labors die Hauptkomponente von jedem Versuchsaufbau. Er verbindet sämtliche angeschlossenen Aktoren, Sensoren und sonstige Hardware miteinander. Der Arduino Uno R3 verfügt über einen ATmega328 Mikrocontroller. Dieser ist mit 16MHz getaktet.[1] Außerdem verfügt er über einen 32KByte Flash-Speicher, auf dem zuvor mittels der Entwicklungsumgebung Arduino IDE geschriebene Programme geladen werden können. Dies geschieht über ein USB-Kabel mit Hilfe des Computers.

Des Weiteren gibt es vierzehn digitale I/O-Pins von denen sechs zur Pulsweitenmodulation verwendet werden können. Hinzu kommen sechs analoge Eingänge.[2] Diese können zur Verarbeitung von Sensorsignalen verwendet werden. Zur besseren Übersicht sind alle Ein- und Ausgänge beschriftet.

Die Spannungsversorgung kann entweder mittels des USB-Kabels, dass an einem PC angeschlossen ist, sichergestellt werden oder völlig autark mit einer 9V Blockbatterie erfolgen. Die Eingangsspannung beträgt 7 - 12V und die Arbeitsspannung 5V. Die minimale Eingangsspannung liegt bei 6V und darf maximal 20V betragen.[3] Der Arduino Uno R3 ist ziemlich einfach aufgebaut und es lassen sich mit ihm nur begrenzt komplexere Schaltungen aufbauen. Er dient lediglich als Einstieg in die Welt der Mikrocontroller und deren Programmierung.

---

[1] Vgl. Bartmann, 2017, S. 18
[2] Ebd. S. 17
[3] Ebd. S. 18

Abbildung 1: Arduino Uno R3[4]

2.2 Liquid Crystal Display 1602

Ein Liquid Crystal Display (LCD) ermöglicht eine Darstellung von mehreren Stellen oder Buchstaben und Sonderzeichen. Die Anzeige funktioniert durch ein zusammengesetztes Muster aus mehreren Punkten. LC-Anzeigen besitzen im inneren Flüssigkeitskristalle, welche in Abhängigkeit von der eingesetzten Spannung ihre Ausrichtung ändern können. Diese beeinflusst so den Lichteinfall.

Anmerkung der Redaktion: Die Abbildung wurde aus urheberrechtlichen Gründen entfernt.

Abbildung 2: Liquid Crystal Display 1602[5]

In den meisten LCD-Modulen, die für Arduino Projekte verwendet werden, wird der Display Controller HD44780 eingesetzt, welches die Darstellung von 16x2 Zeichen mit einstellbarer Hintergrundbeleuchtung ermöglicht. Die Ansteuerung der LC-Anzeige kann sowohl parallel als auch seriell umgesetzt werden. Für dieses Projekt wurde eine LC-Anzeige mit einer seriellen Ansteuerung und einem aufgelötetem I²C Bus verwendet, welche als bidirektionale Master/Slave-Architektur arbeitet.[6]

---

[4] Vgl. Bartmann, 2017, S. 17
[5] Vgl. Funduinoshop , 2024
[6] Vgl. Bartmann, 2017, S. 466

2.3 Taster

Der Taster gibt Impulse, um einen Stromkreis oder einen Prozess zu aktivieren und wird durch Druck aktiviert. Der Impuls wird abhängig vom Leitungswiederstandes ausgelöst. Durch den Druck auf die Taste wird ein Signal an die Microcomputer gesendet, um den Stromkreis zu schließen. In diesem Fall wird der kleine Taster mit zwei Pins und rundem Knopf verwendet.

Anmerkung der Redaktion: Die Abbildung wurde aus urheberrechtlichen Gründen entfernt.

Abbildung 3: kleiner Taster mit rundem Knopf[7]

2.4 RGB LED

Eine LED oder Light Emitting Diode[8] ist ein elektronisches Halbleiterbauelement, welches Licht emittiert sobald Strom hindurch fließt. Es handelt sich um eine Art von elektrischer Diode, die Licht erzeugt anstatt elektrischen Stroms in eine Richtung zu leiten. LEDs sind in der Regel klein, energiesparend, langlebig und sind in verschiedenen Farben verfügbar. In diesem Fall wird eine RGB LED verwendet, welche verschiedene Farbzustände annehmen kann.

Anmerkung der Redaktion: Die Abbildung wurde aus urheberrechtlichen Gründen entfernt.

Abbildung 4: RGB LED[9]

2.5 Weitere Komponenten

2.5.1 Breadboard

Mithilfe des Breadboard kann eine Schaltung sehr schnell aufgebaut werden, ohne dabei löten oder Steckverbindungen anfertigen zu müssen. Die blauen Linien zeigen die internen Verknüpfungen zwischen den einzelnen Kontakten. In

---

[7] Vgl. Funduinoshop, 2024
[8] Vgl. Hering, Bressler, Gutekunst, 2017, S. XXII
[9] Vgl. Funduinoshop, 2024

der Mitte sind Kontakte für den Schaltungsaufbau und außen an den langen Seiten befinden sich die Kontakte für die Spannungsversorgung.

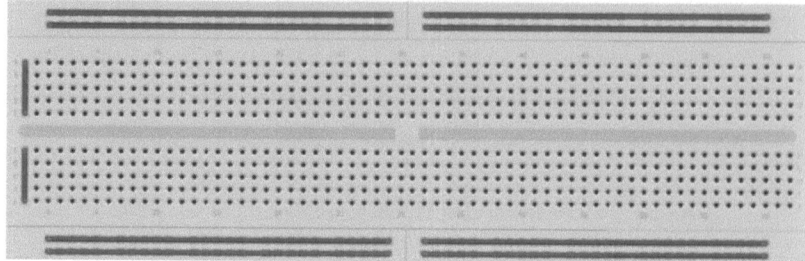

Abbildung 5: Aufbau Breadboard

2.5.2 Breadboardkabel

Zur Verbindung aller Komponenten zueinander bzw. mit dem Breadboard wurden in diesem Aufbau zwölf Breadboardkabel verbaut.

2.5.3 Widerstände

Der Widerstand ist das häufigste Bauelement und dient zur Begrenzung des Stroms im Schaltkreis. Durch die Farbcodierung auf dem Widerstand kann man die Größe des Widerstands in Ohm ermitteln. Je größer der Widerstand, desto geringer ist der Stromfluss bei gleicher Spannung. Als Vorwiderstände für die LED werden in diesem Versuch zwei 330 Ohm Widerstände und für den Taster einen 1k Ohm Widerstand eingesetzt, um den Stromfluss zu reduzieren und die Komponenten vor Überhitzung bzw. Zerstörung zu schützen.

2.6 Software

Zur Kommunikation mit Sensoren, Aktoren und sonstiger Hardware benötigt man einen Programmcode. Dieser wird bei Arduino auch als „Sketch" bezeichnet. Zum Ausführen und schreiben eigener Programme wird für den Arduino Uno R3 die Entwicklungsumgebung Arduino IDE zur Verfügung gestellt. Die Programmiersprache ist C bzw. C++ ähnlich.[10] Beim Schreiben eigener Programme können zum Beispiel Variablen initialisiert und deklariert werden, es

---

[10] Vgl. Brühlmann, 2015, S. 28

stehen aber auch vorinstallierte Funktionen und Methoden zur Verfügung. Integriert sind außerdem ein Compiler, sowie ein Debugger um das Programmieren zu erleichtern. Des Weiteren sind bereits diverse Bibliotheken vorhanden. Diese machen das Programmieren wesentlich leichter da in ihnen bereits einige Funktionen fertig implementiert sind und diese dann nicht extra im Sketch ausgeschrieben werden müssen. Jedoch muss die gewünschte Bibliothek vorher erst installiert werden.[11] Ist der Sketch fertig geschrieben kann er direkt an den angeschlossenen Mikrocontroller übertragen werden.

2.6.1 Arduino IDE

Für die Entwicklung von Arduino-Programmen gibt es eine eigenen Entwicklungsumgebung (IDE) basierend auf Java. Die Arduino IDE bietet eine komplette Entwicklungsumgebung mit Code-Editor, Dokumentation und Standardbibliotheken für verschiedene Anwendungen. Auch gibt es bereits diverse Beispielprojekte in unterschiedlichen Bereichen. Zusätzlich ist es notwendig einen speziellen Treiber für die USB-Schnittstelle zu installieren und zu konfigurieren.[12] Das Arduino Projekt ist so ausgelegt, dass Anfänger auch ohne tiefere Programmierkenntnisse selbstständig Programme erstellen können. Die Software selbst ist für Windows, Mac und Linux verfügbar, alternativ gibt es auch eine Browserversion.

2.6.2 Arduino Bibliothek Liquid Crystal

Für die Verwendung der LC-Anzeige wird eine weitere Bibliothek benötigt. Eine Bibliothek meint hierbei einen Satz von Funktionen, der einem Programm oder wie in diesem Fall einem Arduino Sketch, hinzugefügt werden kann. Die Arduino-Bibliothek Liquid Crystal ermöglicht eine Ansteuerung von LC-Anzeigen, welche auf dem Display-Controller HD44780 basiert.[13]

---

[11] Vgl. Snieders, 2018, S. 16
[12] Vgl. Brühlmann, 2015, S. 28
[13] Vgl. Brühlmann, 2015, S. 406

3. Konzeption und Umsetzung

Dieses Kapitel erläutert den Aufbau und den Quellcode des entwickelten Reaktionstesters. Es werden die bestätigten Schritte betrachtet um mit dem Arduino Uno, einem Taster und einer LC-Anzeige einen Reaktionstester zu entwickeln und das Ergebnis auf dem Display auszugeben. Ein Bild des physischen Aufbaus ist im Anhang unter der Abbildung 14 zu finden.

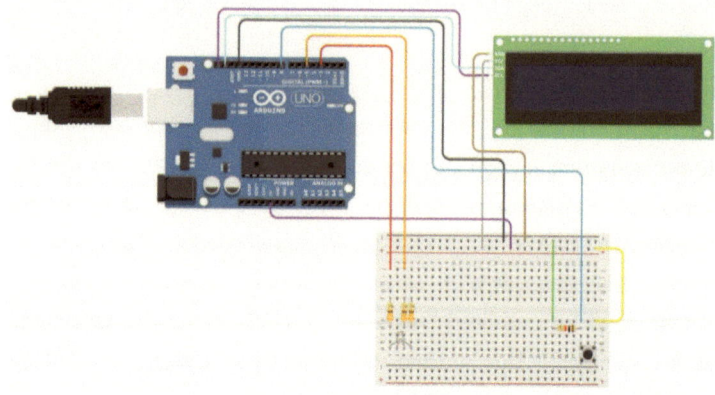

Abbildung 6: Steckplatine des Projektes[14]

3.1   Anforderungen an das System

Die Aufgabe besteht darin, einen Reaktionsbester zu bauen, welche die Zeit zwischen dem grünen Aufleuchten der RGB LED und der Betätigung des Tasters misst. Dabei soll die LED vor der Betätigung des Tasters in den Farben rot, gelb und grün leuchten. Die gemessene Zeit zwischen Aufleuchten der grünen LED und der Betätigung des Tasters wird anschließend auf der LC-Anzeige ausgegeben. Betätigt der Anwender den Taster zu früh wird die Meldung „Fehlversuch" ausgegeben und der Prozess startet von vorne.

---

[14] Eigene Darstellung

3.2 Versuchsaufbau

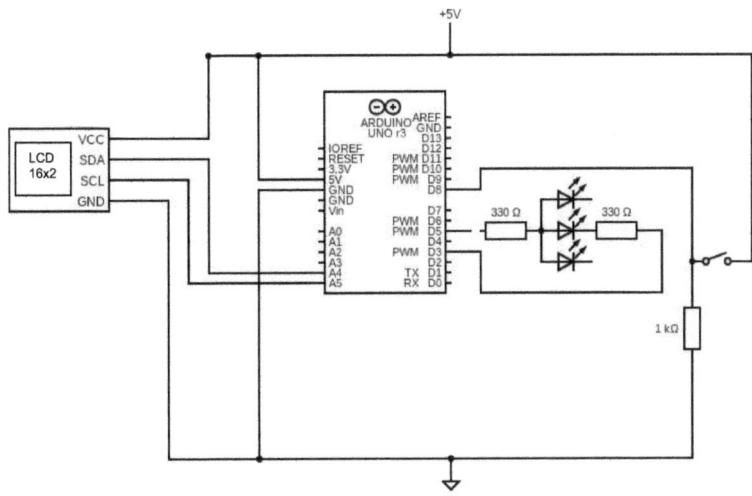

Abbildung 7: Schaltplan[15]

Die Spannungsversorgung der Vorwiderstände, der RGB LED, des Tasters und der LC-Anzeige erfolgt über die Pins „GND" und „5V" des Arduino Boards. Diese Spannung wird über das Breadboard an die einzelnen Komponenten der Schaltung weiterverteilt. Es werden je ein Vorwiderstand mit 330 Ohm vor den Eingang und den Ausgang der RGB LED in Reihe geschalten. Ein Vorwiderstand mit 1k Ohm wird vor den Taster in Reihe geschalten. Die Vorwiderstände sollen den Stromfluss reduzieren, um Hardwareschäden zu vermeiden.

Über die Pins „-3" und „-5" werden die Farben der RGB LED und über den Pin „8" die Signale des Tasters gesteuert. Der Pin „SDA" eine Datenleitung, über welches die Daten an die LC-Anzeige übermittelt werden. Im oberen Schaltplan ist dieser Pin auf dem Arduino Board unter dem Pin „A4" zu finden. Der Pin „SCL" gibt die Taktfrequenz an die LC-Anzeige vor. Im oberen Schaltplan ist dieser Pin auf dem Arduino Board unter dem Pin „A5" zu finden.

---

[15] Eigene Darstellung

3.3 Programmcode

Zum Schreiben des Programms wird die Arduino IDE in der Version 2.3.2 verwendet. Die Programmierung erfolgt in Anlehnung an den Hack 4-21 von Bartmann.

```
1   #include <LiquidCrystal_I2C.h>
2
3   LiquidCrystal_I2C LCD(0x27, 16, 2);
4
5   //Initialisierung und Deklaration der Variablen
6   const byte LEDR = 3;
7   const byte LEDG = 5;
8   const byte OFF = 0;
9   const byte ON = 255;
10
11  int time = 1000;
12  int startTime = 0;
13  int endTime = 0;
14  int duration = 0;
15
16  const byte BUTTON = 8;
17  bool buttonPressed = false;
18  bool failed = false;
19
20  void reset();
21  void reactionTest();
```

Abbildung 8: Import der Bibliotheken, Initalisierung und Deklaration der Variablen

In Abbildung 8 wird als Erstes in der Zeile 1 die Bibliothek „LiquidCrystal_I2C.h" geladen, welche zur Ansteuerung des LCD benötigt wird. Des Weiteren muss eine Adresse für den LCD vergeben werden, was in Zeile 3 geschieht.

Als nächstes werden die Variablen deklariert und initialisiert. In den Zeilen 6 und 7 werden den Variablen die Farben für die RGB LED zugewiesen und in den Zeilen 8 und 9 die Zustände für die Farbausgabe angelegt. Zur besseren Lesbarkeit wurden für die Zustände High und Low der LED die zwei Variablen OFF und ON angelegt. Bei den bisher angelegten Variablen handelt es sich um konstante Byte Werte, da diese nicht überschrieben werden dürfen.

Für die Berechnung der Zeit des Reaktionstesters werden in den Zeilen 11 bis 14 die Integer Variablen angelegt, welche sich im Laufe des Programmablaufes verändern.

Zur Verwendung des Tasters wird in Zeile 16 eine konstante Byte Variable und zwei boolesche Variablen in den Zeilen 17 und 18 für die Statusprüfung des Tasters angelegt. Zusätzlich dazu werden zwei Klassen für den Reset des Systems und für den Reaktionstester selbst in den Zeilen 20 und 21 angelegt.

```
23   // Initialisierung Ein- & Ausgänge
24   void setup() {
25     pinMode(LEDR, OUTPUT);
26     pinMode(LEDG, OUTPUT);
27     pinMode(BUTTON, INPUT);
28
29   //LCD Display initialisieren
30     LCD.init();
31     LCD.backlight();
32   }
33
```

Abbildung 9: setup() Funktion

In der setup() Funktion wird die Variable des Tasters als Eingang und die beiden Variablen für die RGB LED als Ausgänge festgelegt. Dies geschieht in den Zeilen 25 bis 27. Die Zeilen 30 und 31 dienen der Initialisierung des LCD.

```
34   // Eigentliches Programm
35   void loop() {
36     LCD.setCursor(0, 0);
37     LCD.print("REAKTIONSTESTER!");
38     LCD.setCursor(0, 1);
39     LCD.print("                ");
40
41     buttonPressed = digitalRead(BUTTON);
42
43     if (buttonPressed) {
44       reactionTest();
45       reset();
46     }
47   }
48
```

Abbildung 10: loop() Funktion

In der loop() Funktion spielt sich das eigentliche Programm ab. Zu Beginn des Programms soll der Text „REAKTIONSTESTER!" auf dem LCD erscheinen, was in den Zeilen 35 bis 38 realisiert wurde. Das Programm beginnt mit Betätigung des Tasters, weshalb der Taster mithilfe eines Triggers ausgelesen wird (Zeile 40). Sobald der Taster betätigt wurde (Zeile 43), ruft das Programm die Funktionen reactionTest() und danach reset() in den Zeilen 44 und 45 auf.

```
49    void reactionTest() {
50      reset();
51      while (buttonPressed) {
52        buttonPressed = digitalRead(BUTTON);
53      }
54      // LED rot einschalten
55      analogWrite(LEDR, ON);
56
57      duration = millis() + time;
58      while (millis() <= duration) {
59        buttonPressed = digitalRead(BUTTON);
60        if (buttonPressed) {
61          failed = true;
62          break;
63        }
64      }
65
66      if (failed) {
67        LCD.setCursor(0, 0);
68        LCD.print("Fehlversuch    ");
69        reactionTest();
70        reset();
71      }
72      else {
73        //LED gelb einschalten
74        analogWrite(LEDG, ON);
75
76        duration = millis() + time;
77        while (millis() <= duration) {
78          buttonPressed = digitalRead(BUTTON);
79          if (buttonPressed) {
80            failed = true;
81            break;
82          }
83        }
84
```

Abbildung 11: reactionTest() Funktion Teil 1

In der Funktion reactionTest() wird in Zeile 50 zu aller erst ein Reset durchgeführt, sodass alle Variablen wieder zurück auf ihren Ursprungszustand gesetzt werden. Im Anschluss darauf wird in den Zeilen 51 bis 53 geprüft, ob der Taster noch gedrückt wird. Sobald der Taster losgelassen wurde, leuchtet die RGB LED in Rot (Zeile 55). Sollte der Taster betätigt werden, obwohl die LED rot leuchtet (siehe Zeilen 57 bis 64), so wird auf dem LCD die Meldung „Fehlversuch" ausgegeben. Das System wird anschließend auf seinen Ursprungszustand zurückgesetzt und die Funktion loop() startet von vorne (siehe Zeilen 66 bis 70). Wird der Taster nicht betätigt, leuchtet die LED in Gelb (Zeile 74). Sollte der Taster betätigt werden, obwohl die LED noch gelb leuchtet (siehe Zeilen 76 bis 83), so wird auf dem LCD die Meldung „Fehlversuch" ausgegeben.

```
85    if (failed) {
86        LCD.setCursor(0, 0);
87        LCD.print("Fehlversuch     ");
88        reactionTest();
89        reset();
90    }
91    else {
92        // LED rot ausschalten
93        analogWrite(LEDR, OFF);
94
95        startTime = millis();
96
97        // Zähle hoch, wenn LED Grün und noch nicht erneut der Taster gedrückt wurde.
98        while (!digitalRead(BUTTON)) {
99            LCD.setCursor(0, 0);
100           LCD.print("Jetzt druecken!!!");
101       }
102
103       endTime = millis();
104
105       // Berechnung der Reaktionszeit
106       int reactionTime = endTime - startTime;
107
108       LCD.setCursor(0, 0);
109       LCD.print("Reaktionszeit:  ");
110       LCD.setCursor(0, 1);
111       LCD.print(String(reactionTime) + "ms");
112
113       delay(3000);
114   }
115 }
116 }
117
```

Abbildung 12: reactionTest() Funktion Teil2

Das System wird auf seinen Ursprungszustand zurückgesetzt und die Funktion loop() wird von vorne gestartet (siehe Zeilen 85 bis 90). Wird der Taster nicht betätigt, so leuchtet die LED grün (Zeile 93). Ab dem Zeitpunkt des Aufleuchtens der LED in Grün wird auf dem LCD die Meldung „Jetzt druecken!!!" ausgegeben (siehe Zeilen 98 bis 101) und die Zeit des Reaktionstesters wird gemessen bis der Taster wieder betätigt wurde. Die Berechnung der Reaktionszeit erfolgt in Zeile 106, welche im Anschluss auf dem LCD ausgegeben wird (siehe Zeilen 108 bis 111).

```
118 // Auf Ursprungszustand zurücksetzen
119 void reset() {
120     failed = false;
121
122     // LED ausschalten
123     analogWrite(LEDR, OFF);
124     analogWrite(LEDG, OFF);
125     LCD.setCursor(0, 0);
126     LCD.print("REAKTIONSTESTER!");
127     LCD.setCursor(0, 1);
128     LCD.print("                ");
129 }
```

Abbildung 13: reset() Funktion

In der reset() Funktion werden die Variablen auf ihren Startzustand zurückgesetzt, die LED ausgeschalten und das System wieder in seinen Ursprungszustand zurück versetzt (siehe Zeilen 120 bis 128).

3.4 Upload und Testen des Systems

Nun kann das Programm durch den Debugger laufen und auf Probleme geprüft werden. Wenn keine Probleme auftreten, wird es an den Mikrokontroller gesendet. Sobald es gesendet wurde, startet der Mikrocontroller das Programm und durchläuft es, bis die Stromversorgung getrennt wird oder das Programm überschrieben oder gelöscht wird.

4. Fazit

4.1 Zusammenfassung der wichtigsten Ergebnisse

Das Ziel dieser Arbeit besteht darin einen Reaktionstester unter Verwendung des bereitgestellten Arduino Kits zu entwickeln. Der Grundlagenteil bot einen ausführlichen Überblick über die Hardware der verwendeten Komponenten. Des Weiteren gab es einen Einblick auf den eigentlichen Mikrokontroller und der Entwicklungsumgebung. Es folgte die Definition und der Ablauf der Funktionen. Schritt für Schritt wurden alle Komponenten mit dem Mikrokontroller verbunden und der Programmcode erweitert. Danach wurden alle Funktionen genau erläutert und schlussendlich in einem Hauptprogramm zusammengeführt, welches sich im Anhang befindet. Zum Schluss wurde noch ein Funktionstest durchführt. Bereits bei der Einführung und der Recherche wurde deutlich, wie vielseitig der Arduino ist. Obwohl die Schaltung einen relativ geringen Anforderungskatalog aufwies, stellte sich schon früh heraus, dass ein genaues Verständnis der einzelnen Komponenten und ihrer Funktionsweise fundamental ist. Trotz der systematischen Arbeitsweise waren Fehler beim Aufbau der Schaltung unvermeidlich. Im Allgemeinen handelte es sich hierbei um Fehler wie das Verwechseln der Eingänge bzw. die Verwendung falscher Pins oder fehlerhafte Verbindungen der einzelnen Komponenten.

4.2 Kritische Betrachtung

In Bezug auf die gezeigte Schaltung gibt es einige wesentliche Punkte zu beachten. Der Messaufbau für den Reaktionstester hätte durch die Befestigung des LCD-Modules auf einer geeigneten Vorrichtung verbessert werden können.

Des Weiteren kann die Benutzerinteraktion und Informationsbereitstellung durch eine Erweiterung der Nachrichten auf der LC-Anzeige verbessert werden.

Die Testergebnisse werden verfälscht, wenn der Taster über längere Zeit (beispielsweise 30 Minuten) trotz leuchtender grünen LED nicht betätigt wird. Das Ergebnis der Messung liegt hierbei im Minusbereich. Dies könnte durch ein Timeout bzw. einen Reset bei längeren Wartezeiten, sowie einer Nachricht auf der LC-Anzeige gelöst werden.

Durch eine strukturierte Aufarbeitung des Programmablaufs mittels eines klaren Konzeptentwurfs war es möglich die Grundlagen kompakt zusammenzufassen und nicht sich in Details zu verlieren. So konnte der Aufbau Schritt für Schritt erfolgen und analog dazu die Programmierung fortlaufend erweitert werden. So konnte auch der Programmcode dem „roten Faden" durch alle Funktionen gut strukturiert und vor allem sehr kompakt gehalten werden.

4.3 Ausblick

Die Anforderungen des Moduls an den Verfasser konnten erfüllt werden. Eine Erweiterung mit zusätzlichen Funktionen kann nach dem gleichen Schema erfolgen. Zugegeben ist das nur ein kleiner Teil der Möglichkeiten und der Verwendungszwecke, die der Arduino bietet. Eine Erweiterung des Reaktionstesters durch eine mögliche Auswahl weitere Testreihen bzw. Testlevels oder einer manuellen Testauswahl über verschiedene Taster und einer Einstellmöglichkeit auf der LC-Anzeige wären Möglichkeiten. Eine Erweiterung der Benutzeroberfläche mit weiteren Ausgabetexten würde die Benutzerinteraktion und die Informationsbereitstellung verbessern.

Literaturverzeichnis

Bartmann, E.; 2017
Mit Arduino die elektronische Welt entdecken, 3. Auflage, Bombini Verlag

Brühlmann, T.; 2015
Arduino Praxiseinstieg, 3. Auflage, mitp Verlag GmbH & Co. KG

Funduinoshop; 2024
in: funduinoshop.com (Hrsg.): https://funduinoshop.com/ (Zugriff am 07.04.2024)

Hering, E.; Bressler, K.; Gutekunst, J.; 2017
Elektronik für Ingenieure und Naturwissenschaftler, 7. Auflage, Springer Vieweg

Snieders, R.; 2018
*ARDUINO lernen – Band 1,*9. Auflage, Nordhorn: FLYERALARM GmbH

Anhang

Abbildung 14: physischen Aufbaus

Vollständiger Code:

```
#include <LiquidCrystal_I2C.h>

LiquidCrystal_I2C LCD(0x27, 16, 2);

//Initialisierung und Deklaration der Variablen
const byte LFDR = 3;
const byte LEDG = 5;
const byte OFF = 0;
const byte ON = 255;

int time = 1000;
int startTime = 0;
int endTime = 0;
int duration = 0;

const byte BUTTON = 8;
bool buttonPressed = false;
```

```
bool failed = false;

void reset();
void reactionTest();

// Initialisierung Ein- & Ausgänge
void setup() {
  pinMode(LEDR, OUTPUT);
  pinMode(LEDG, OUTPUT);
  pinMode(BUTTON, INPUT);

//LCD Display initialisieren
  LCD.init();
  LCD.backlight();
}

// Eigentliches Programm
void loop() {
  LCD.setCursor(0, 0);
  LCD.print("REAKTIONSTESTER!");
  LCD.setCursor(0, 1);
  LCD.print("                ");

  buttonPressed = digitalRead(BUTTON);

  if (buttonPressed) {
    reactionTest();
    reset();
  }
}

void reactionTest() {
  reset();
  while (buttonPressed) {
    buttonPressed = digitalRead(BUTTON);
  }
// LED rot einschalten
  analogWrite(LEDR, ON);

  duration = millis() + time;
  while (millis() <= duration) {
    buttonPressed = digitalRead(BUTTON);
    if (buttonPressed) {
      failed = true;
      break;
    }
  }

  if (failed) {
```

```
  LCD.setCursor(0, 0);
  LCD.print("Fehlversuch      ");
  reactionTest();
  reset();
}
else {
  //LED gelb einschalten
  analogWrite(LEDG, ON);

  duration = millis() + time;
  while (millis() <= duration) {
    buttonPressed = digitalRead(BUTTON);
    if (buttonPressed) {
      failed = true;
      break;
    }
  }

  if (failed) {
    LCD.setCursor(0, 0);
    LCD.print("Fehlversuch      ");
    reactionTest();
    reset();
  }
  else {
    // LED rot ausschalten
    analogWrite(LEDR, OFF);

    startTime = millis();

    // Zähle hoch, wenn LED Grün und noch nicht erneut der Taster gedrückt
wurde.
    while (!digitalRead(BUTTON)) {
      LCD.setCursor(0, 0);
      LCD.print("Jetzt druecken!!!");
    }

    endTime = millis();

    // Berechnung der Reaktionszeit
    int reactionTime = endTime - startTime;

    LCD.setCursor(0, 0);
    LCD.print("Reaktionszeit:  ");
    LCD.setCursor(0, 1);
    LCD.print(String(reactionTime) + "ms");

    delay(3000);
  }
```

```
    }
}

// Auf Ursprungszustand zurücksetzen
void reset() {
  failed = false;

  //LED ausschalten
  analogWrite(LEDR, OFF);
  analogWrite(LEDG, OFF);
  LCD.setCursor(0, 0);
  LCD.print("REAKTIONSTESTER!");
  LCD.setCursor(0, 1);
  LCD.print("                ");
}
```

BEI GRIN MACHT SICH IHR WISSEN BEZAHLT

- Wir veröffentlichen Ihre Hausarbeit,
  Bachelor- und Masterarbeit

- Ihr eigenes eBook und Buch -
  weltweit in allen wichtigen Shops

- Verdienen Sie an jedem Verkauf

Jetzt bei www.GRIN.com hochladen
und kostenlos publizieren